Das

Elsaß-Lothringische Jagdgesetz

Textausgabe mit französischer Uebersetzung
und Anmerkungen

von einem Mitgliede des Landesausschusses

LOI

sur l'exercice du Droit de Chasse

EN ALSACE-LORRAINE.

Texte allemand et français avec annotations

par

UN MEMBRE DU LANDESAUSSCHUSS

Straßburg,
Verlag von Karl J. Trübner
1881

Vorbemerkungen.

Nachdem sowohl die Bezirkstage wie der Landesausschuß von Elsaß-Lothringen wiederholt ihre Wünsche auf Abänderung der Jagdgesetzgebung zum Ausdruck gebracht haben (vgl. Verhandlungen des Landesausschusses: 1875 S. 101; 1876 S. 66; 1877 Frühjahrssession S. 198—201; Herbstsession S. 22; 1878 S. 151), benutzte der Landesausschuß in der Herbstsession von 1879 die ihm kurze Zeit vorher verliehene Befugniß Initiativanträge zu stellen, um einen Gesetzentwurf betreffend die Ausübung des Jagdrechtes einzubringen. Derselbe ging durch verschiedene Phasen, sowohl in den Kommissions- wie in den Plenarsitzungen, wobei die Gesichtspunkte dafür und dawider vertreten wurden, bis nach längeren eingehenden Verhandlungen ein Entwurf durch Beschluß vom 13. April 1880 angenommen wurde.

Dieses aus der Initiative des Landesausschusses hervorgegangene erste Gesetz wurde Seitens der Regierung dem Staatsrath von Elsaß-Lothringen zur Begutachtung und dem Bundesrath zur Genehmigung unterbreitet. Nach dieser zweifachen Prüfung legte die Regierung dem Landesausschusse einen umgearbeiteten Gesetzentwurf vor, der sich an den bereits von ihm durchberathenen im Ganzen anschloß und nur im Einzelnen einige theils redaktionnelle, theils sachliche Aenderungen, sowie mehrere für zweckmäßig oder nothwendig befundene neue Bestimmungen enthielt.

Dieser Entwurf erhielt die Zustimmung des Landesausschusses; so entstand das Gesetz das fernerhin die Ausübung des Jagdrechts in Elsaß-Lothringen regeln wird.

Observations préliminaires.

C'est à la suite de nombreux vœux émis tant par les Conseils généraux que par la Délégation d'Alsace-Lorraine, dans le but d'obtenir la modification de la législation en matière de chasse (V. comptes rendus de la Délégation : 1875 p. 101, 1876 p. 66, 1877 p. 198-201 et 22 de la session d'automne, 1878 p. 151), que dans la session d'automne de 1879 la Délégation profita du droit d'initiative qui venait de lui être conféré, pour proposer un projet de loi sur l'exercice du droit de chasse.

Ce projet subit différentes phases au sein des Commissions et en séance plénière, les opinions les plus diverses se sont produites pour et contre, jusqu'à ce que la loi fût votée dans la séance du 13 avril 1880.

Cette première loi émanant de l'initiative de la Délégation fut successivement soumise à l'examen du Conseil d'Etat d'Alsace-Lorraine et à l'approbation du Conseil fédéral, et ce n'est qu'après ce double examen que le Gouvernement présenta lui-même un projet, qui se rattacha en grande partie à celui que la Délégation avait voté. Il ne contenait que quelques modifications matérielles ou de rédaction, ainsi que quelques dispositions accessoires qui semblaient indispensables. Ce dernier projet obtint à son tour l'approbation de la Délégation et devint la loi du 5 février 1881, qui réglementera à l'avenir l'exercice du droit de chasse en Alsace-Lorraine.

Die Bestimmungen dieses Gesetzes sind als ein wesentlicher Fortschritt zu bezeichnen; sie werden unzweifelhaft die finanziell gedrückte Lage mancher Gemeinden heben und volle Anerkennung finden, sobald sie etwas eingebürgert sein werden.

Zu ihrer Rechtfertigung ist Folgendes in Betracht zu ziehen:

Auf Grund des Gesetzes vom 3. Mai 1844 steht zwar jedem Grundbesitzer die Jagd auf seinem Grund und Boden zu, ohne daß dieses Recht an die Bedingung eines gewissen Flächenmaßes geknüpft wäre; ebenso besitzt er die unbeschränkte Befugniß sein Jagdrecht zu verpachten. Jedoch in Folge des vorhandenen Mißstandes der Vertheilung des Grundeigenthums in kleine Parzellen und der Schwierigkeit, die sich daraus ergibt, auf solchen Parzellen das Jagdrecht auszuüben, ohne auf fremdes Eigenthum überzugreifen, hat die Ueberzeugung Platz gegriffen, daß es nothwendig sei, einige Beschränkungen in dieser Beziehung eintreten zu lassen, ohne darum den Grundsatz anzutasten, daß das Jagdrecht ein Ausfluß des Eigenthumsrechtes sei. Eine anderweitige Regelung erschien um somehr als wünschenswerth, als der § 368 des deutschen Strafgesetzbuches folgende Strafbestimmungen enthält:

„Mit Geldstrafe bis zu 60 Mark oder mit Haft bis zu 14 Tagen wird bestraft:

10) Wer ohne Genehmigung des Jagdberechtigten oder ohne sonstige Befugniß auf einem fremden Jagdgebiete außerhalb des öffentlichen, zum gemeinen Gebrauche bestimmten Weges, wenn auch nicht jagend, doch zur Jagd ausgerüstet, angetroffen wird."

Die Ausübung des Jagdrechtes ist unter solchen Umständen für den Kleingrundbesitzer sehr erschwert, wenn nicht meistens undurchführbar.

Um diese Mißstände zu beseitigen, haben Preußen (Jagdpolizeigesetz vom 7. März 1850), Bayern (Jagdgesetz vom 30. März 1850 für die Gebietstheile rechts des Rheines) und Baden (Gesetz vom 3. Dezember 1850) die Ausübnng des Jagdrechts durch den Grundeigenthümer nur dann gestattet, wenn der Grundbesitz eine zusammenhängende Fläche von einer bestimmten Größe umfaßt oder vollstän-

Ses dispositions constituent un progrès très sensible et amélioreront sans aucun doute la mauvaise situation financière de plus d'une commune; le public rendra pleine justice à la loi dès qu'elle sera entrée dans ses habitudes.

Les considérations suivantes contribueront à sa justification :

La loi du 3 mai 1844 sur la police de la chasse concédait, il est vrai, à chaque propriétaire le droit de chasse et de louer son droit de chasse sur son terrain, quelle qu'en soit la contenance.

Le grand morcellement de la propriété foncière et la difficulté qui en résulte d'exercer convenablement le droit de chasse sur de petits terrains sans empiéter sur les droits d'autrui, ont fait reconnaître la nécessité d'imposer certaines restrictions, tout en maintenant au droit en lui-même son caractère d'être une émanation du droit de propriété. Une nouvelle réglementation semblait d'autant plus indispensable en présence du § 368 du Code pénal allemand, qui est ainsi conçu :

> « Sera puni d'une amende jusqu'à 60 marcs ou de la peine des arrêts jusqu'à 15 jours :
>
> ...... 10. Quiconque sera rencontré en appareil de chasse sur le terrain de chasse d'autrui, en dehors du chemin destiné à l'usage commun, quand même il n'aurait pas fait acte de chasse, à moins qu'il ne soit pourvu du consentement du propriétaire de la chasse ou d'une autre autorisation. »

L'exercice du droit de chasse devient, dans ces circonstances, très difficile, la plupart du temps tout à fait illusoire, pour le petit propriétaire. Pour obvier à ces inconvénients, la Prusse (loi sur la police de la chasse du 7 mars 1850), la Bavière (loi sur la chasse pour le territoire à droite du Rhin du 30 mars 1850), le grand-duché de Bade (loi du 3 décembre 1850) n'ont accordé aux propriétaires de terrains

dig eingefriedigt ist. Außer diesen Fällen übt die politische Gemeinde Namens und auf Rechnung der Grundeigenthümer das Jagdrecht aus, und zwar in der Regel durch Verpachtung.

Das badische Gesetz hat außerdem die Bestimmung, daß die Mehrheit der Grundeigenthümer, welche zugleich mehr als die Hälfte des Flächengehalts der Gemarkung besitzt, die Ueberlassung des Erlöses aus der Verpachtung der Jagd an die Gemeindekasse beschließen kann.

Für die bayerische Rheinpfalz bestimmt die noch gültige Verordnung vom 21. September 1815, daß diese Befugniß der Gemeinden zur Verpachtung sich nur auf die niedere Jagd erstrecke und daß die Verpachtung stets zum Besten der Gemeindekasse zu erfolgen habe.

Im Großherzogthum Luxemburg hielt man den Grundsatz fest, daß die Jagd gemeindebannweise zu verpachten sei, wenn die Eigenthümer von mehr als der Hälfte der Grundfläche des Gemeindebannes dies beschließen. Es ist dies das Syndikatssystem, nach dem die Majorität ebenfalls über die Verwendung des Pachterlöses Beschluß faßt.

Das elsaß-lothringische Gesetz hat sich die Bestimmungen dieser benachbarten Staaten zum großen Theile angeeignet.

Der Einwand, daß in Folge der Verpachtung sämmtlicher Gemeinde-Bannmeilen das Wild sich so vermehren werde, daß ernste Gefahr für die Ernte eintreten könne, erscheint als unbegründet, wenn man berücksichtigt, daß in den Nachbarländern, wo dieselbe Bestimmung seit mehr als dreißig Jahren besteht, Klagen über Wildschaden nicht öfters vorgekommen sind.

Der andere Einwand, daß dieses Gesetz die Rechte des Eigenthümers willkürlich beschränke, ist ebensowenig stichhaltig. Dasselbe regelt eben nur die Ausübung eines Rechtes im öffentlichen Interesse, und daß der Gesetzgeber hiezu berechtigt ist, ergibt sich aus den Beschränkungen, welche er in den Bestimmungen über Entwässerung, Bauflucht, Enteignung zu öffentlichen Zwecken u. s. w. auferlegt.

Die vom Ministerium ausgehenden Anordnungen zur Ausführung dieses Gesetzes sind von großer Wichtigkeit für alle Diejenigen, welche mit den nicht zu unterschätzenden Schwierigkeiten einer all-

un droit de chasse que lorsqu'ils possèdent une superficie d'un seul tenant complètement clôturée ou d'une certaine contenance. En dehors de ces deux cas, c'est la commune qui exerce le droit de chasse au nom et pour le compte des propriétaires, généralement sous forme de location.

La loi badoise contient en outre la disposition, que la majorité des propriétaires possédant en même temps plus de la moitié des terrains de la banlieue, peuvent décider que le produit de la location de la chasse sera versé dans la caisse communale.

Dans la Bavière rhénane, ce pouvoir des communes de louer la chasse ne s'applique, d'après le règlement du 21 septembre 1815, qui est resté en vigueur, qu'à la chasse sur petit gibier et la location doit toujours se faire au profit de la commune.

Dans le grand-duché de Luxembourg on partit du principe que la chasse devait être louée par ban communal, lorsque les propriétaires de plus de la moitié des terrains composant la banlieue y consentaient. C'est le système syndical, où la majorité décide également de quelle manière le produit de la location doit être employé.

Notre loi s'est inspirée des principes posés par la législation de ces pays limitrophes.

L'objection que le système de location de toutes les banlieues entraîne la multiplication du gibier dans une proportion telle, qu'il en résulte un danger sérieux pour les récoltes, ne paraît pas fondée. Dans les pays limitrophes, où la même loi est en vigueur depuis plus de trente ans, des plaintes sur le dommage que causerait le gibier ne se sont guère produites.

La seconde objection, qui consiste à prétendre que la loi lèse arbitrairement les droits du propriétaire, n'est pas plus sérieuse; elle ne fait que réglementer l'exercice d'un droit dans un intérêt général. Que le législateur puisse le faire,

mählig durchzuführenden neuen Einrichtung zu kämpfen haben werden, besonders in der Uebergangsperiode, in welcher die in der letzten Stunde vor Einführung des Gesetzes noch abgeschlossenen Nachverträge zu prüfen sein werden, aber auch so lange die Erfahrung, sowohl die Jagdliebhaber wie die Vorsteher der Gemeinden noch nicht zur Erkenntniß gebracht haben wird, daß dieses Gesetz hauptsächlich bestrebt ist nicht minder die Interessen des Grundeigenthümers und der Gemeinde als diejenigen des Jägers zu wahren.

Die den Paragraphen beigefügten Bemerkungen sind zum größten Theil aus den Motiven des Gesetzentwurfes und den Verhandlungen des Landesausschusses entnommen und weisen besonders auf die in der Gesetzgebung getroffenen Aenderungen und auf die unzweifelhaften Vortheile des neuen Gesetzes hin (cfr. das kürzlich erschienene, mit Sorgfalt bearbeitete Werk des Landgerichtsrathes Huber: „Die Jagdgesetze für Elsaß-Lothringen.")

résulte des restrictions bien plus onéreuses qu'il impose dans les lois sur les irrigations, le drainage, sur les alignements, sur l'expropriation pour cause d'utilité publique.

Les instructions émanant du ministère pour la saine application de la loi sont d'une grande importance pour tous ceux qui ont à l'appliquer, puisqu'il s'agit d'une nouvelle organisation qui soulève journellement les questions les plus délicates. Dans la période transitoire, les baux obtenus à la dernière heure, dont se prévaudront les chasseurs, présenteront de sérieuses difficultés, surtout tant que la pratique n'aura pas convaincu aussi bien les chasseurs que les administrateurs des communes, que la loi a visé tant les intérêts des amateurs de chasse que ceux des propriétaires et principalement des communes, qui y trouveront une source de revenus.

Les annotations qui accompagnent le texte de la loi et pour lesquelles on a utilisé l'exposé des motifs de la loi ainsi que les discussions au sein de la Délégation, servent à indiquer les modifications introduites dans l'ancienne législation et à justifier en même temps l'utilité pratique des nouvelles dispositions. (Pour plus de détails, v. l'excellent ouvrage du conseiller Huber : *Les lois sur la chasse de l'Alsace-Lorraine.*)

Gesetz

betreffend die Ausübung des Jagdrechtes vom 7. Februar 1881.

(Gesetzblatt für Elsaß-Lothringen, S. 5.)

---

§ 1. Die Ausübung des einem jeden Grundeigenthümer auf seinem Grund und Boden zustehenden Jagdrechts, sowie des Jagdrechts auf Gewässern ist den Bestimmungen dieses Gesetzes unterworfen.

Dieselben finden keine Anwendung:

1. auf die Grundstücke der Reichsmilitär- und der Reichseisenbahnverwaltung, auf die Staatsforsten und auf diejenigen Forsten, deren Eigenthum dem Staat mit andern Eigenthümern ungetheilt zusteht;

2. diejenigen Grundstücke, welche mit einer fortlaufenden Einfriedigung umgeben sind, die jede Verbindung mit den benachbarten Grundstücken hindert.

---

§ 1. Im ersten Absatze des Paragraphen ist der Grundsatz ausgesprochen, daß jedem Besitzer das Jagdrecht sowohl auf seinem Grund und Boden, als auf seinen Gewässern zusteht. In den weiteren Paragraphen des Gesetzes wird indessen die Ausübung dieses Rechtes geregelt.

Es ergibt sich aus Absatz 2, daß die Privatwaldungen sowie diejenigen der Gemeinden oder Stiftungen diesem Gesetze unterworfen sind, vorbehaltlich der Bestimmungen des § 3.

Durch Ausschließung der eingefriedigten Grundstücke, bleibt Art. 2 des Gesetzes vom 3. Mai 1844 in Kraft, welcher also lautet:

„Der Eigenthümer oder Besitzer hat das Recht zu jeder Zeit ohne Jagdschein auf seinen Besitzungen, welche an eine Wohnung anstoßen und mit einer ununterbrochenen, jede Verbindung mit den benachbarten Grundstücken aufhebenden Einfriedigung umgeben sind, zu jagen oder jagen zu lassen."

Stößt das Grundstück nicht an eine Wohnung, so ist es dem Eigenthümer zur selbstständigen Jagdausübung überlassen, jedoch hat er sich den Bestimmungen über Lösung eines Jagdscheines und über Schonzeit zu unterwerfen.

LOI

sur l'exercice du Droit de Chasse du 7 Février 1881.

(Bulletin des lois de l'Alsace-Lorraine, p. 5.)

---

§ **1**. L'exercice du droit de chasse appartenant à tout propriétaire sur son terrain, ainsi que le droit de chasse sur les cours d'eau, seront réglés par les dispositions de la présente loi.

Ces dispositions ne s'appliquent pas :

1° aux terrains de l'administration militaire et à ceux de l'administration des chemins de fer de l'Empire, aux forêts domaniales et à celles indivises entre l'Etat et d'autres propriétaires.

2° aux terrains entourés d'une clôture continue faisant obstacle à toute communication avec les héritages voisins.

---

§ 1. Dans l'alinéa 1er, la loi pose le principe que chaque propriétaire a le droit de chasser sur le terrain et les cours d'eau qui lui appartiennent, et dans les paragraphes suivants elle réglemente l'exercice de ce droit.

Il résulte de l'alinéa 2, que les forêts particulières, ainsi que celles des communes et des établissements tombent sous l'application de la loi, à moins qu'on ne puisse les faire jouir du bénéfice du § 3.

En stipulant une exception pour les terrains clôturés, la loi entend maintenir l'article 2 de la loi du 3 mai 1844, ainsi conçu :

> « Le propriétaire ou possesseur peut chasser ou faire chasser en tout temps, sans permis de chasse, dans ses possessions attenant à une habitation et entourées d'une clôture continue faisant obstacle à toute communication avec les héritages voisins. »

Si l'immeuble ne touche pas à une habitation, le propriétaire est bien autorisé à y exercer le droit de chasse, mais il est obligé de se soumettre aux dispositions de la loi sur le temps prohibé et le permis de chasse.

2. Das Jagdrecht auf denjenigen Grundstücken und Gewässern, welche den Bestimmungen dieses Gesetzes unterworfen sind, wird Namens und auf Rechnung der Grundeigenthümer durch die Gemeinde ausgeführt.

Für jeden Gemeindebann ist die Jagd im Wege öffentlicher Versteigerung, unter Beobachtung der Vorschriften für Verpachtung von Gemeindegrundstücken vorbehaltlich der Bestimmung in § 10 dieses Gesetzes, betreffend die erstmalige Verpachtung, auf die Dauer von je neun Jahren zu verpachten.

Die Theilung eines Gemeindebannes in mehrere Jagdbezirke, deren jeder mindestens zweihundert Hektare umfaßt, ist statthaft.

3. Auf zusammenhängenden Flächen von mindestens fünfundzwanzig Hektaren, sowie auf Seen und Teichen in der Größe von mindestens fünf Hektaren und auf Teichen, welche zum Entenfang eingerichtet sind, kann sich der Eigenthümer die selbstständige Ausübung des Jagdrechts vorbehalten.

Der § 2 stellt den Hauptgrundsatz des ganzen Gesetzes auf. Dem Eigenthümer verbleibt das Jagdrecht, dasselbe kann er indessen nur unter der Voraussetzung ausüben, daß er ein gewisses Flächenmaß von Grundstücken besitzt; wonicht, wird das Jagdrecht durch die Gemeinde ausgeübt, die ihm statt dessen einen entsprechenden Antheil an dem Pachtzins aushändigt.

Durch die Vorschrift, daß für jeden Gemeindebann die Jagd durch öffentliche Versteigerung nach den Bestimmungen für Verpachtung von Gemeindegrundstücken verpachtet werden muß, wird sowohl das Interesse der Grundeigenthümer als das öffentliche Interesse gewahrt (vgl. Art. 17 Nr. 2 des Gesetzes vom 18. Juli 1837). Die Pachtdauer von neun Jahren entspricht den bestehenden Gebräuchen.

Daß die Möglichkeit gewährt wird, den Gemeindebann in mehrere Jagdbezirke zu theilen, geschieht im finanziellen Interesse. Die Minimalfläche des einzelnen Jagdbezirks ist so festgesetzt, daß eine rationnelle Jagdausübung möglich ist. Eine Fläche von 200 Hektaren entspricht diesem Erforderniß.

§ 3. Das Gesetz gesteht in Folge des Grundsatzes, daß das Jagdrecht nur dann zu regeln ist, wenn eine solche Regelung nothwendig ist, die eigene Ausübung des Jagdrechtes denjenigen Eigenthümern zu, welche eine zusammenhängende Fläche von einer gewissen Größe besitzen. Diese Minimalfläche ist in Preußen auf 300 Morgen, in Bayern auf 240 Tagwerk im Flachland und 400 Tagwerk im Hochgebirg, in Baden auf 200 Morgen festgesetzt. Die im § 3 bestimmte Fläche von 25 Hektaren ist sonach geringer als in den benachbarten Staaten. Es empfiehlt sich indessen die fragliche Fläche gering zu bemessen, um die Ausübung des Jagdrechts nicht mehr zu beschränken, als durch die Natur der Sache geboten ist. Grundstücke

2. Le droit de chasse sur les terrains et cours d'eau soumis aux dispositions de la présente loi, sera exercé par la commune au nom et pour le compte des propriétaires.

Pour chaque ban communal la chasse sera louée par voie d'adjudication publique pour une durée de neuf années, en se conformant aux prescriptions légales sur la location des biens communaux et sous réserve de la disposition du § 10 de la présente loi, relative à la première location.

Chaque ban communal pourra être divisé en plusieurs districts de chasse, dont chacun devra avoir une contenance d'au moins 200 hectares.

3. Les propriétaires de terrains d'une superficie contiguë d'au moins 25 hectares, ou de lacs et d'étangs d'au moins 5 hectares, ainsi que d'étangs appropriés comme canardières, peuvent se réserver l'exercice du droit de chasse sur leur dite propriété.

Le § 2 pose le principe fondamental de toute l'économie de la loi. Le propriétaire conserve son droit de chasse, mais il ne peut l'exercer personnellement que s'il possède un terrain contigu d'une certaine superficie. Dans le cas contraire, la commune intervient et convertit son droit en une somme d'argent représentée par sa part proportionnelle au fermage.

La loi ménage tout autant l'intérêt privé du propriétaire que l'intérêt public, en prescrivant, pour la location du droit de chasse, l'adjudication publique dans les formes prévues pour la location des biens communaux (cfr. art. 17, nº 2 de la loi du 18 juillet 1837). La durée de 9 ans pour de pareils baux est conforme aux usages suivis jusqu'à présent.

C'est dans un intérêt financier qu'on prévoit la division des bans communaux en plusieurs districts de chasse. Il s'agit seulement de donner à chacun de ces districts une contenance telle que le droit de chasse puisse s'y exercer; la contenance de 200 hectares par district paraît répondre à ce besoin.

§ 3. Du principe que l'exercice du droit de chasse n'est réglementé que là où la nécessité l'impose, découle la conséquence que ce droit reste au propriétaire qui possède des terrains contigus d'une certaine contenance.

Dans les Etats voisins, cette contenance est fixée: en Prusse, à 300 arpents, en Bavière, à 240 tagwerk dans la plaine et à 400 tagwerk dans la montagne, dans le grand-duché de Bade, à 200 arpents. La contenance fixée par le § 3 n'étant que de 25 hectares, elle reste au-dessous de celle admise ailleurs; il valais mieux en effet, rester

Eisenbahnen, Wege oder Wasserläufe gelten nicht als Unterbrechung des räumlichen Zusammenhangs.

4. Der Jagderlös ist in die Gemeindekasse zu zahlen.

Die Vertheilung des Erlöses an die einzelnen Grundeigenthümer erfolgt nach dem Verhältniß der Katasterfläche der zu dem verpachteten Jagdbezirke gehörigen Grundstücke und Gewässer. Beträge, welche innerhalb zweier Jahre, nachdem bekannt gemacht ist, wieviel jeder Grundeigenthümer zu beziehen hat, nicht abgehoben sind, verfallen der Gemeindekasse.

Der Jagdpachterlös eines Gemeindebannes verbleibt der Gemeinde, sobald dies durch mindestens zwei Drittel der Betheiligten, welche zugleich mehr als zwei Drittel der den Bestimmungen dieses Gesetzes unterliegenden Grundfläche des Gemeindebannes besitzen, beschlossen wird. Dieser Beschluß behält für die ganze Dauer der Pachtzeit Gültigkeit.

---

unter 25 Hektaren sind zu klein, als daß auf denselben — wenn nicht Nachbargrundstücke hinzutreten — die Jagd ausgeübt werden könnte, während dies auf Flächen von mindestens 25 Hektaren wohl möglich ist.

Es ist nicht erforderlich, daß die zusammenhängenden Grundstücke in derselben Bannmeile liegen.

Der Eigenthümer kann das Recht durch Andere ausüben lassen.

Den Eigenthümern größerer Seen und Teiche hat man ebenfalls, wie in Preußen und Bayern, die selbstständige Ausübung des Jagdrechts eingeräumt. Die gleiche Befugniß mußte den Besitzern von Teichen, welche zum Entenfang eingerichtet sind, gegeben werden, da die beträchtlichen Anlagekosten für diese Teiche den Schutz des Eigenthümers in der Ausbeutung derselben nothwendig machen. Durch die Unterstellung dieser Teiche unter das allgemeine Recht würden die Eigenthümer schwer beschädigt werden.

§ 4. Als Maaßstab für die Vertheilung des Jagdpachterlöses an die einzelnen Grundbesitzer, die Katasterfläche der zu dem Jagdbezirke gehörigen Grundstücke und Gewässer zu wählen, schien am richtigsten, wenn gleich nicht zu verkennen ist, daß auch die Vertheilung nach Verhältniß der Grundsteuer oder die Anrechnung auf die von den einzelnen Besitzern zu zahlende Grundsteuer nicht unzweckmäßig sein würde. Die Bestimmung einer Frist, binnen welcher die Eigenthümer die auf sie entfallenden Beträge abheben müssen, ist schon mit Rücksicht auf die Ordnung im Gemeinderechnungswesen nothwendig.

Im Anschlusse an das badische Jagdgesetz war von dem Landesausschuß die Bestimmung vorgeschlagen, daß der Jagdpachterlös der Gemeinde verbleiben soll, wenn dies durch die Mehrheit der Betheiligten, welche ugleich mehr als die Hälfte der Grundfläche des Gemeindebanns besitzen,

Les chemins de fer, routes ou cours d'eau n'interrompent par la contiguïté.

4. Le produit de la location de la chasse est versé dans la caisse communale.

La répartition de ce produit entre les différents propriétaires se fera proportionnellement à la contenance cadastrale des terrains faisant partie du district de chasse donné en location. Toutes les sommes qui n'auront pas été retirées dans un délai de deux ans, après la publication du rôle de répartition, seront acquises à la caisse communale.

Le produit de la location de la chasse sur un ban communal reste acquis à la commune, lorsque les deux tiers au moins des intéressés, possédant en même temps plus des deux tiers des terrains régis par la présente loi, en décident ainsi. Cette décision est valable pour toute la durée de la location.

à cet égard dans de justes limites, pour n'entraver l'exercice du droit de chasse que dans les cas d'absolue nécessité. Un terrain au-dessous de 25 hectares ne se prête pas à une exploitation rationnelle de la chasse, s'il n'existe pas de terrains avoisinants qui puissent s'y rattacher, tandis que la chasse devient possible sur une contenance d'au moins 25 hectares. Ces immeubles contigus n'ont pas besoin d'être situés dans la même banlieue (cfr. § 6).

Le propriétaire peut céder l'exercice de son droit à un tiers.

On a dû également réserver, comme en Prusse et en Bavière, le droit de chasse aux propriétaires de grands étangs ou lacs; de même la loi introduit une exception pour les étangs disposés en canardières, où la chasse ne s'exploite qu'à grands frais et après des dépenses considérables d'installation. Il n'aurait pas été juste de soumettre les propriétaires de ces étangs à la règle générale.

§ 4. Pour la répartition du produit de la location entre les différents propriétaires, la loi prend pour base les contenances indiquées par le cadastre pour les terrains, cours d'eau et étangs qui forment le district de chasse, quoiqu'il n'y ait pas à méconnaître les avantages d'une répartition sur la base de la contribution foncière ou d'une imputation sur les impôts fonciers au profit des propriétaires.

C'est en vue de l'ordre dans les finances communales que la loi a fixé, à peine de déchéance, le délai de deux ans pour le retrait de la part revenant aux propriétaires.

La Délégation avait, dans le projet de loi voté le 13 avril 1880, proposé, en se conformant à la loi badoise, que le produit de la location resterait à la caisse communale, si la majorité des propriétaires réunissant en même temps plus de la moitié de la superficie

Ist ein solcher Beschluß gefaßt, so haben diejenigen Eigenthümer, welche sich nach den Bestimmungen des § 3 die selbstständige Ausübung des Jagdrechts vorbehalten haben, nach dem Verhältniß der Katasterfläche der vorbehaltenen Grundstücke und Gewässer einen entsprechenden Beitrag zu dem von dem verpachteten Theil des Gemeindebannes erzielten Erlöse in die Gemeindekasse zu zahlen.

5. Gemeinden, welche auf einem fremden Gemeindebanne einen den Voraussetzungen des § 3 entsprechenden Grundbesitz haben, wirken bei den Beschlüssen über die Verwendung des Jagdpachterlöses zu Gunsten der Gemeinde (§ 4 Absatz 3) nicht mit und bleiben,

---

beschlossen wird. So sehr nun auch eine solche Beschlußfassung im Interesse der Gemeinden zu wünschen ist, so war doch, um den geäußerten Bedenken wegen der Verfügung über Vermögensrechte durch Mehrheitsbeschlüsse möglichst zu begegnen, vorzuziehen die erforderliche Zahl der Betheiligten und die Flächen auf zwei Drittel festzusetzen.

Daß im Falle einer solchen Beschlußfassung die Grundeigenthümer, welche sich auf Grund des § 3 die selbstständige Ausübung des Jagdrechts vorbehalten haben, einen entsprechenden Beitrag zu dem Pachterlös in die Gemeindekasse zahlen, entspricht der Billigkeit, da ihnen die Einnahme der Gemeinde gleich den übrigen zu Gute kommt und sie sonst auch finanziell günstiger gestellt sein würden, als die anderen.

Daß, wie das Gesetz vorsieht, die Beschlußfassung über die Abführung des Erlöses an die Gemeindekasse auch dann, wenn der Gemeindebann in mehrere Jagdbezirke getheilt wird, von den betheiligten Grundbesitzern des ganzen Gemeindebanns und nicht etwa innerhalb der einzelnen Jagdbezirke stattfindet, ist nothwendig, weil sonst der unzulässige Fall vorkommen könnte, daß die Besitzer des einen Bezirks die Abführung an die Gemeinde, die des anderen die Vertheilung beschlössen.

Der Eigenthümer und nicht der Pächter der Grundstücke ist berechtigt, den Jagdpachterlös zu erheben.

Für jeden Jagdbezirk (§ 2) wird eine besondere Berechnung erforderlich sein.

§ 5. Die Bestimmungen dieses Paragraphen waren in dem Entwurf des Landesausschusses nicht enthalten. Obgleich es rechtlich gleichgültig ist, ob das Eigenthum einem Gemeindemitglied oder einem Auswärtigen bez. einer fremden Korporation gehört, erscheint es doch richtig, wenigstens den Gemeinden, welche auf fremdem Boden einen den Voraussetzungen des § 3 entsprechenden selbstständigen Jagdbezirk zu bilden vermögen, auch die pekuniären Erträgnisse desselben zu sichern, dieselben also dagegen in Schutz zu nehmen, daß über ihr Korporationsvermögen zu Gunsten einer andern Gemeinde und durch fremde ihren kommunalen Interessen fernstehende Gemeindebürger vermöge eines Majoratsbeschlusses verfügt werde.

Eine nothwendige Folge hiervon ist, daß die betreffenden Gemeinden bei

Lorsqu'une semblable décision aura été prise, les propriétaires qui, en vertu des dispositions du § 3, se seront réservé le droit de chasse, auront à verser dans la caisse communale une somme proportionnelle à la contenance cadastrale des terrains réservés, qui sera ajoutée au produit provenant de la location du reste du ban communal.

5. Les communes qui possèdent des terrains situés sur d'autres banlieues et se trouvant dans les conditions du § 3, ne participent point aux décisions relatives à l'emploi du produit de la location de la chasse au profit de la commune (§ 4, alinéa 3), et sont dispensées, dans le cas où une pareille

---

du ban communal en décidait ainsi. Le § 4 au contraire exige, pour éviter l'inconvénient qu'on a signalé, que les intérêts privés pourraient être lésés par le vote d'une faible majorité, l'assentiment des deux tiers des propriétaires réunissant en outre les deux tiers de la superficie totale de la banlieue. Dans l'intérêt des communes, il est désirable que les propriétaires renoncent à ce petit bénéfice, dont la répartition peut quelquefois présenter de sérieuses difficultés et qui procure au contraire aux communes une source de revenus très considérables. L'équité exige dans ce cas que les propriétaires qui se sont réservé le droit de chasse, versent dans la caisse communale une somme équivalente, puisqu'ils profitent aussi bien que les autres de cette recette communale et qu'ils se trouveraient dans le cas contraire dans une position bien plus avantageuse.

La loi prévoyant le partage de la banlieue en plusieurs districts, il est tout naturel que le vote sur le produit de la location se fasse pour toute la banlieue et non par district, sinon on pourrait arriver à des votes différents pour chaque district, ce qui entraînerait des complications.

Un décompte spécial semble nécessaire pour chaque district de chasse (§ 2).

Le produit de la location appartient au propriétaire et non au locataire de l'immeuble.

§ 5. Cette disposition ne se trouvait pas dans le projet de loi de la Délégation.

Il est en principe indifférent qu'un immeuble appartienne à une commune, à un particulier ou à une communauté autre que la commune. La loi a trouvé cependant équitable d'assurer à la commune possédant dans une autre banlieue une superficie assez forte pour former un district de chasse, les revenus résultant de la location de ce district; de cette manière la fortune de la commune est protégée contre le vote émanant de personnes complètement étrangères aux intérêts de la commune.

falls ein solcher Beschluß gefaßt wird und sie sich die selbstständige Ausübung des Jagdrechts vorbehalten, von der Beitragspflicht für die fremde Gemeindekasse (§ 4 Absatz 4) befreit.

6. Zur Beschlußfassung darüber, ob der Jagdpachtserlös der Gemeinde verbleiben soll, ist vor Festsetzung des Versteigerungstermins für die Verpachtung der Jagd von dem Bürgermeister ein öffentlich bekannt zu machender Termin anzuberaumen.

Nachdem die Beschlußfassung erfolgt ist, haben die Eigenthümer, welche sich auf Grund des § 3 die selbstständige Ausübung des Jagdrechts vorbehalten wollen, diesen Vorbehalt binnen zehn Tagen dem

---

der Beschlußfassung über die Verwendung des Jagdpachterlöses nicht mitwirken dürfen.

Bei den Verhandlungen über das Gesetz im Landesausschuß wurde hervorgehoben, daß die Waldungen der Gemeinden als Grundbesitz im Sinne des § 5 anzusehen sind.

§ 6. Der § 6 gibt die erforderlichen Bestimmungen über die Reihenfolge und Fristen für diejenigen Akte und Erklärungen, welche der Verpachtung vorauszugehen haben.

Zunächst hat der Bürgermeister den Termin für die Beschlußfassung über die Verwendung des Pachterlöses anzuberaumen und denselben zu veröffentlichen.

Bei dieser Beschlußfassung haben die Eigenthümer, die sich ihr Recht vorbehalten, mitzuwirken, wenn sie sich auch über ihren Vorbehalt bereits erklärt haben.

Der Eigenthümer kann bei jeder Jagdperiode eine andere Erklärung abgeben.

Nach stattgehabter Beschlußfassung haben sich die Grundeigenthümer, welche sich die selbstständige Ausübung des Jagdrechtes vorbehalten wollen, diesen Vorbehalt dem Bürgermeister in den nächsten zehn Tagen schriftlich zu erklären. Für die Berechnung dieser Frist ist § 199 der Civilprozeßordnung maßgebend, welcher lautet:

„Bei der Berechnung einer Frist, welche nach Tagen bestimmt ist, wird der Tag nicht mitgerechnet auf welchen der Zeitpunkt oder das Ereigniß fällt, nach welchem der Anfang der Frist sich richten soll."

Erst nach Verlauf dieser Frist darf die Ausschreibung der Jagd erfolgen, denn es erscheint nothwendig, vor der Ausschreibung der Jagd festzustellen, welche Flächen zur Verpachtung kommen sollen.

Das Gesetz schrieb eine andere Frist von sechs Wochen zwischen der ersten Bekanntmachung und dem Versteigerungstermin vor. Zu deren Berechnung sind folgende Bestimmungen des § 200 der Civilprozeßordnung maßgebend:

„Eine Frist, welche nach Wochen oder Monaten bestimmt ist, endigt mit Ablauf desjenigen Tages der letzten Woche oder des letzten Monates, welcher durch seine Benennung oder Zahl dem Tage entspricht, an

décision a été prise et qu'elles se sont réservé le droit de chasse, de verser une quote-part dans la caisse de l'autre commune (§ 4, alinéa 4).

6. Avant le terme fixé pour l'adjudication de la chasse, le maire est tenu de fixer un terme qu'il portera à la connaissance du public, où interviendra la décision sur la question de savoir si le produit de la location devra rester à la commune.

Cette décision une fois prise, les propriétaires qui en vertu du § 3 désirent se réserver le droit de chasse, ont un délai de dix jours pour faire au maire leur déclaration écrite à ce sujet.

Cette réserve entraîne comme conséquence que la commune ne prend pas, dans ce cas, part au vote sur l'emploi du produit de la location de la chasse.

Il ressort de la discussion de la loi au sein du Landesausschuss, que le mot «terrains» s'applique également aux forêts communales.

§ 6. Ce paragraphe s'occupe de l'ordre et des délais à observer pour les actes et déclarations qui doivent précéder la location.

Le maire aura d'abord à fixer par un arrêté et ensuite à publier le jour où les propriétaires auront à se prononcer sur l'emploi du produit de la location.

Les propriétaires qui se réservent leur droit ont à prendre part à ce vote, quand même ils ont déjà fait leurs réserves. Ils sont libres de changer leurs déclarations à chaque relocation.

Après le vote, les propriétaires qui veulent se réserver le droit de chasse, auront à le déclarer dans un délai de *dix* jours. Pour le calcul de ce délai, il faut se rapporter au § 199 du Code de procédure civile qui est ainsi conçu :

> «Pour la supputation d'un délai fixé par jours, on ne compte pas le jour sur lequel tombe l'époque ou l'événement qui doivent servir de point de départ au délai.»

Les publications indiquant le jour de la location ne peuvent se faire qu'après l'expiration de ce délai, parce qu'il est absolument nécessaire de se fixer d'abord sur les parcelles qui sont à mettre en location.

Un autre délai de *six semaines* doit s'écouler entre la publication et l'adjudication.

Pour le calcul de ces six semaines il y a lieu de se reporter au § 200 du même Code, ainsi conçu :

> «Un délai fixé par semaines ou par mois expire à la fin du jour de la dernière semaine ou du dernier mois qui correspond

Bürgermeister schriftlich zu erklären. Erstrecken sich die vorzubehaltenden Grund- oder Wasserflächen in den Bann verschiedener Gemeinden, so ist die Erklärung an den Bürgermeister jeder dieser Gemeinden zu richten.

Die Bekanntmachung des Versteigerungstermins für die Verpachtung der Jagd darf erst nach Ablauf dieser zehntägigen Frist stattfinden. Zwischen dem Versteigerungstermine und der ersten Bekanntmachung desselben muß eine Frist von mindestens 6 Wochen liegen.

7. Sind einzelne Grundstücke geringern Flächeninhalts von einem zusammenhängenden Grundbesitz von mindestens 25 Hektaren ganz oder größtentheils umschlossen, so hat der Eigenthümer des größeren Besitzthums, sofern er sich die selbstständige Ausübung des Jagdrechts vorbehält, das Jagdvorpachtsrecht. Er ist zu diesem Ende befugt,. die Jagdausübung auf den umschlossenen Grundstücken gegen eine dem Jagdpachtpreis des betreffenden Gemeindebannes verhältnißmäßig entsprechende und darauf zu verrechnende Entschädigung für die Dauer der Pachtzeit selbst zu beanspruchen.

---

welchem die Frist begonnen hat; fehlt dieser Tag in dem letzten Monate, so endigt die Frist mit Ablauf des letzten Tages dieses Monates.

„Fällt das Ende einer Frist auf einen Sonntag oder allgemeinen Feiertag, so endigt die Frist mit Ablauf des nächstfolgenden Werktages.“

Die Bestimmung einer genügend langen Frist zwischen dem Versteigerungstermin und der ersten Bekanntmachung derselben bezweckt die möglichst günstige Verwerthung der Jagd.

In dem Berichte der Kommission des Landesausschusses wurde bemerkt, daß die den Eigenthümern von großen Ländereien für die Abgabe der Erklärung gelassene Frist von 10 Tagen vom Tage der Entscheidung über die Bestimmung des Pachtzinses läuft und daß das Gesetz die Veröffentlichung dieses Beschlusses nicht verlangt, indem die interessirte Partei durch die Bekanntmachung des für die Abstimmung angesetzten Tages benachrichtigt und hierdurch in die Lage versetzt wurde, derselben beizuwohnen und davon Kenntniß zu erhalten.

Der Kommission erschien es indessen wünschenswerth, daß die Bürgermeister der wenigen Gemeinden, wo sich der Fall ereignen kann, die betreffenden Eigenthümer von der getroffenen Entscheidung in Kenntniß setzen. Um diesen Zweck zu erreichen, drückte die Kommission den Wunsch aus, daß den Bürgermeistern dieses Verfahren durch eine Verwaltungsverfügung anempfohlen werde.

§ 7. In Bezug auf Enklaven von einem Flächeninhalt von weniger als 25 Hektaren, hat sich das Gesetz an die preußische und badische Gesetzgebung angeschlossen, besonders im Hinblick auf die überaus zahlreichen Waldenklaven. Der Jagdberechtigte auf der kleinsten eingesprengten Parzelle könnte

Lorsque les terrains ou cours d'eau réservés sont situés dans différents bans, cette déclaration est à adresser au maire de chaque commune.

La publication du jour de l'adjudication ne peut être faite avant l'expiration de ce délai de dix jours. Entre le jour fixé pour l'adjudication et la première publication, il devra y avoir un délai de six semaines au moins.

7. Lorsque des terrains d'une moindre contenance se trouvent enclavés, soit totalement, soit en majeure partie, dans une propriété d'un seul tenant d'au moins 25 hectares, le propriétaire de ce seul tenant a, en tant qu'il s'est réservé le droit de chasse, la priorité à tout autre lors de la location. Il peut en conséquence demander le droit de chasse sur le terrain enclavé, pour toute la durée de la location, moyennant une indemnité proportionnée au produit de la location de tout le ban communal.

---

par sa dénomination ou par sa date au jour où le délai a commencé à courir; lorsque ce jour manquera au dernier mois, le délai expirera à la fin du dernier jour de ce mois.

« Si le dernier jour est un dimanche ou jour de fête légale, ce délai expire à la fin du jour ouvrable suivant. »

La loi a fixé un terme assez prolongé entre la première publication et l'adjudication, pour permettre de retirer de l'adjudication, par le concours des amateurs, le meilleur profit possible pour les parties intéressées.

D'après le rapport de la Commission de la Délégation, le délai de dix jours laissé aux propriétaires de grands terrains pour faire leur déclaration, court à partir de la décision prise sur la destination du produit de la location. La loi n'exige pas de publication de cette décision, par la raison que les parties intéressées sont averties par une autre publication, celle du jour fixé pour le vote, et sont ainsi en mesure d'y assister ou d'en avoir connaissance.

Il semble cependant utile que les maires avisent les propriétaires de grands terrains de la décision intervenue, et la Commission a même exprimé le désir qu'une instruction de l'Administration leur en fasse la recommandation.

§ 7. Relativement aux enclaves d'une moindre contenance que 25 hectares, la loi a cru devoir imiter la législation prussienne et badoise et les réglementer, surtout en raison des nombreuses enclaves forestières. S'il était, en effet, permis de chasser sur les

Macht er von diesem Rechte nicht spätestens am achten Tage nach dem endgültigen Zuschlage der Jagd auf dem Gemeindebanne (§ 2) durch schriftliche Erklärung an den Bürgermeister Gebrauch, so bleiben die umschlossenen Grundstücke Zubehör des Gemeindejagdbezirks.

8. Vom Tage des Inkrafttretens dieses Gesetzes ab können Jagdpachtverträge über Grundstücke, welche den Bestimmungen dieses Gesetzes unterliegen und auf welchen sich die Eigenthümer nicht gemäß § 3 die selbstständige Ausübung des Jagdrechts vorbehalten dürfen, mit rechtlicher Wirksamkeit, nur nach Maßgabe des § 2 abgeschlossen werden.

---

nämlich die pflegliche Behandlung des Wildstandes in den Waldungen der größeren Grundbesitzer oder der Gemeinde zu nichte machen, um somehr als die unterlaufenden Grenzübergriffe und sonstigen Uebertretungen sich meistens der Aufsicht des Schutzpersonals entziehen.

Um diesen Mißständen vorzubeugen, ist dem Grundeigenthümer, welcher sich die Ausübung des Jagdrechts vorbehalten hat, hinsichtlich der Enklaven ein Jagdvorpachtsrecht gewährt, er hat sich jedoch vor Ablauf von acht Tagen nach dem Versteigerungstermin zu erklären. In Bezug auf Berechnung dieser Frist vrgl. Bemerkungen über § 6.

§ 8. Nachdem das Gesetz die fernerhin abzuschließenden Jagdpachtverträge geregelt hat, nimmt es Rücksicht auf die durch ernst gemeinte Verträge vor dem Inkrafttreten des Gesetzes erworbenen Rechte, nur jedoch insofern die bestehenden in gehöriger Weise einregistrirten Urkunden, in einer bestimmten Frist auf der Kreisdirektion hinterlegt werden. Findet diese Hinterlegung Seitens des Pächters oder des Verpächters nicht statt, so ist der Vertrag als stillschweigend aufgelöst zu betrachten und die Parteien verlieren ihren Anspruch auf Erfüllung desselben.

Pachtverträge über Grundstücke, welche dem Eigenthümer vorbehalten sind, sind nicht zu hinterlegen; die rechtzeitige Erklärung, daß der Besitzer sich das Recht vorbehält, genügt.

Ernsthafte Verträge können allein berücksichtigt werden. Als solche können nicht betrachtet werden: diejenigen, bei denen kein Pachtzins oder ein ganz geringer Zins ausbedungen ist, der vertragsmäßig in die Gemeindekasse bez. Armenkasse fließen soll, meistens aber nicht bezahlt wird. Anläßlich solcher Verträge, lautete der Bericht der mit der Bearbeitung des am 13. April 1880 vom Landesausschuß angenommenen Gesetzes beauftragten Spezialkommission:

Die Kommission hat dabei einstimmig die Nothwendigkeit anerkannt, die vor diesem Zeitpunkte durch ernst gemeinte Verträge erworbenen Rechte zu respektiren, d. h. die bestehenden und in gehöriger Weise registrirten Verträge, nicht aber Gefälligkeitsverträge, die nur zum Schein einen Pachtzins stipuliren.

Der Appellhof zu Colmar hat sich in verschiedenen, in die Zeit vor 1870

Dans le cas où dans la huitaine à partir du jour de l'adjudication il n'a pas fait usage de ce droit en adressant au maire une déclaration écrite à ce sujet (§ 2), le terrain enclavé fait partie du district communal de chasse.

8. A compter du jour de l'entrée en vigueur de la présente loi, les contrats de location des terrains régis par la présente loi et sur lesquels les propriétaires ne se seront pas réservé le droit de chasse, ne pourront être passés valablement qu'en se conformant aux dispositions du § 2 ci-dessus.

---

petites parcelles enclavées, on pourrait réduire à néant tous les soins donnés au gibier dans les grandes forêts communales ou autres, d'autant plus que les empiétements et autres délits échappent en pareil cas facilement à la surveillance des gardes.

Dans le but de parer à ces inconvénients, le propriétaire qui s'est réservé le droit de chasse sur son terrain a un droit de priorité sur les terrains enclavés, mais il est obligé de se déclarer au plus tard le huitième jour après l'adjudication. Pour la supputation de ce délai, cfr. les observations à la suite du § 6.

§ 8. Ce paragraphe, après avoir posé en principe qu'à l'avenir le droit de chasse ne pourra plus faire l'objet d'un bail que sous les conditions indiquées par la présente loi, tient compte des droits acquis par des tiers, en ce qu'il respecte les baux conclus antérieurement à la promulgation de la loi. Ces baux doivent néanmoins être déposés dûment formalisés dans un délai déterminé à la Kreisdirection.

Le délai passé sans que le bailleur ou le locataire aient déposé l'exemplaire qu'ils détiennent, ils sont sensés y avoir renoncé et le bail est résilié sans indemnité de part ou d'autre.

Les baux d'immeubles réservés ne sont pas à déposer; la déclaration du propriétaire qu'il se réserve son droit de chasse suffit à cet égard pour la conservation de son droit.

Il ne peut, bien entendu, être question que de baux sérieux. Ne sont pas à considérer comme tels : les prétendus baux sans stipulation de fermage ou avec stipulation d'un fermage dérisoire, qui ne s'acquitte que rarement, au profit de la caisse communale ou du bureau de bienfaisance; à ce sujet le rapport de la Commission nommée pour l'examen du projet de loi qui a été voté par la Délégation le 13 avril 1880, portait: La Commission a été unanime à reconnaître la nécessité de respecter les droits acquis par des titres sérieux avant cette époque, c'est-à-dire des baux existants dûment enregistrés, non pas des conventions de complaisance stipulant des prix de location illusoires.

La Cour de Colmar a, de son côté, admis dans une série d'arrêts

Alle über derartige Grundstücke vorher abgeschlossenen Jagdpachtverträge sind innerhalb dreier Monate auf der Kreisdirektion in gehörig registrirter Form gegen Empfangsbescheinigung zu hinterlegen.

Die nicht in dieser Form und Frist hinterlegten Verträge, sowie diejenigen welche der Vorschrift in Absatz 1 zuwider abgeschlossen werden, sind ohne rechtliche Wirksamkeit.

Die hinterlegten Verträge erlöschen, sofern sie nicht früher ablaufen, im Jahre 1889 mit demjenigen Tage, an welchem die Jagd geschlossen wird.

9. Bestehen gültige Jagdpachtverträge über Theile eines Gemeindebannes, welche nicht mindestens 25 Hektare in räumlichem Zusammenhange umfassen, so kann auf Betreiben des Bürgermeisters mindestens acht Tage vor dem für die Versteigerung an-

---

fallenden Urtheilen dahin ausgesprochen, daß Dritten gegenüber ein Jagdvertrag nur dann zur Geltung kommen kann, wenn die Namen der Verpächter in derselben Reihe wie die Unterschriften in dem Text der Urkunde aufgenommen sind, indem es in Ermangelung dieser Förmlichkeit dem Besitzer eines solchen Vertrages zu jeder Zeit freistünde, selbst nach stattgehabter Einregistrirung, noch weitere Unterschriften beifügen zu lassen. Diese Auffassung bleibt mit Rücksicht auf § 8 auch fernerhin von Belang, weil die früheren Pachtverträge schriftlich abgefaßt sein müssen, so daß es vorkommen kann, daß der Richter die rechtliche Wirksamkeit eines streitigen Vertrages zu prüfen haben wird.

Jedem Eigenthümer steht die Befugniß zu, die Ungültigkeit von solchen Pachtverträgen, die sich lediglich als Erlaubnißscheine zum Jagen darstellen, gerichtlich zu vertreiben.

Der Kreisdirektor kann nur dann vorgehen, wenn die Verträge nicht in der bestimmten Frist vorgelegt worden sind. In den andern streitigen Fällen, ist es Sache des Gerichts zu entscheiden.

Wenn die Gemeinde selbst vorgehen will, so kann sie auf Grund des § 231 der Civilprozeßordnung Klage auf Feststellung des Nichtbestehens des Rechtsverhältnisses erheben.

§ 9. Die Vorschriften des Absatzes 1 regeln den Fall, in dem ein Dritter durch Jagdverträge Grundstücke übernommen hat, welche nicht mindestens 25 Hektaren in räumlichem Zusammenhange umfassen und zerstreut in einem Gemeindebanne herumliegen. Indem man ihm an Stelle dieser Grundstücke einen Jagdbezirk von gleicher Stelle überweist, schädigt man so wenig die Interessen des Jagdpächters wie die des Grundeigenthümers; die Gemeinde wird indessen in die Lage versetzt den verbleibenden Rest anderweitig zu verpachten.

Tous les baux intervenus entre particuliers pour la location de la chasse sur de pareils terrains devront, dans un délai de trois mois, être déposés en forme dûment enregistrée, contre récépissé, à la Kreisdirection.

Les contrats qui n'auront pas été déposés dans la forme et le délai prescrits, de même ceux passés contrairement aux prescriptions de l'alinéa 1er, n'ont aucun effet juridique.

Les baux déposés expirent, en tant qu'ils ne sont pas écoulés antérieurement, en 1889, le jour de la fermeture de la chasse.

9. S'il existe des baux pour des parties d'un ban communal de moins de 25 hectares d'un seul tenant, il peut, à la diligence du maire et au moins huit jours avant le terme fixé pour l'adjudication, être assigné aux locataires de chasse,

---

antérieurs à l'année 1870, qu'un bail de chasse, pour être valable vis-à-vis des tiers, devait porter dans son contrat les noms de tous les signataires dans l'ordre de leurs signatures, puisque sans cette formalité il était toujours loisible au détenteur d'un pareil bail écrit, de faire apposer de nouvelles signatures même après l'enregistrement de l'acte. Cette jurisprudence a encore une certaine portée eu égard au § 8, qui exige une constatation écrite de tous les baux, ce qui permet au juge d'examiner, le cas échéant, le plus ou moins de valeur juridique de l'écrit qui est soumis à son appréciation.

Tout propriétaire dans la banlieue a sans doute qualité pour poursuivre la nullité de baux non sérieux, qui ne sont à considérer que comme de simples autorisations de chasser.

Le Kreisdirector ne peut passer outre que lorsque les délais prévus par l'alinéa 3 n'ont pas été observés. Dans les autres cas où il s'élève des difficultés, il appartient aux tribunaux de lever les contestations.

Si la commune veut elle-même faire constater l'irrégularité d'un bail de chasse, elle peut former une demande en constatation de la non-existence du droit invoqué par un prétendu locataire, conformément au § 231 du Code de procédure civile.

§ 9. Les dispositions de l'alinéa 1er règlent le cantonnement et prévoient le cas où un tiers a loué le droit de chasse sur des immeubles disséminés dans une banlieue et tous d'une contenance inférieure à 25 hectares. En lui assignant aux lieu et place des parcelles qu'il a louées un district de chasse égal en étendue à la superficie qu'il détient à bail, tous les droits sont sauvegardés et la commune est en mesure de faire procéder à la location du surplus.

beraumten Termin den Jagdpächtern, an Stelle der von ihnen gepachteten Parzellen, ein denselben an Ausdehnung und Werth gleichkommender zusammenhängender Jagdbezirk angewiesen werden.

Der von den Jagdpächtern vertragsmäßig zu zahlende Zins verbleibt den Berechtigten. Die Eigenthümer derjenigen Grundstücke, welche den Pächtern als Jagdbezirk angewiesen werden, nehmen an dem Jagdpachterlös des Gemeindebannes verhältnißmäßig nach den Bestimmungen des § 4 dieses Gesetzes Theil.

Die Anweisung erfolgt durch zwei von dem Amtsrichter zu beeidende Sachverständige, deren einen der Bürgermeister, den andern die Jagdpächter ernennen. Sofern die Letzteren innerhalb einer ihnen zu setzenden Frist die Ernennung nicht bewirken, oder sofern die ernannten Sachverständigen sich nicht einigen können, ernennt der Kreisdirektor einen dritten Sachverständigen, welcher die Anweisung vornimmt. Die Kosten des Verfahrens haben die Jagdpächter zu tragen.

10. Bei der erstmaligen Verpachtung der Jagdbezirke ist der Ablauf der Pachtzeit auf den Tag des Jagdschlusses im Jahre 1889 festzusetzen.

Insofern gültige Jagdpachtverträge vor diesem Tage ablaufen, hat durch die Gemeinde eine anderweite Verpachtung der Jagd mit der Bestimmung zu erfolgen, daß die Pachtzeit mit dem vorbezeichneten Tage endigt.

---

§ 10. Dieser Paragraph bezweckt bei Schließung der Jagd im Jahre 1889 den Normalzustand eintreten zu lassen.

Während der Zwischenzeit wird eine eigenthümliche Verwickelung überall da eintreten, wo in einer Gemeinde ein Theil der Ländereien durch frühere Verträge für ungleiche Zeitabschnitte verpachtet ist. Diese Ländereien müssen von der Gemeinde nach Maßgabe des Ablaufs der Verpachtungen wieder verpachtet werden.

Aber dann kann auf diese neuen Verpachtungen der Grundsatz der neunjährigen Dauer nicht angewendet werden, weil dadurch die verschiedenen Theile eines Bannes für alle Zeit getrennt und für verschiedene Termine weiter verpachtet blieben. Um diesem Uebelstande vorzubeugen, war es angezeigt, die Neuverpachtungen in der Weise abschließen zu lassen, daß alle an einem Tage ablaufen, und zwar an demjenigen, wo die längsten der noch bestehenden Verträge ihr Ende finden, so daß alsdann die neuen Verpachtungen für alle Gemeinden gleichmäßig von demselben Zeitpunkte beginnen.

aux lieu et place des parcelles par eux louées, un district de chasse équivalant en contenance et valeur à ces parcelles.

Le loyer dû par les locataires en vertu d'un contrat restera acquis aux ayants-droit. Les propriétaires des parcelles assignées aux locataires comme district de chasse, auront une part proportionnelle dans le produit de la location du ban communal, conformément aux dispositions du § 4 de la présente loi.

L'assignation sera faite par deux experts assermentés par l'Amtsrichter, dont l'un sera nommé par le maire et l'autre par les locataires de chasse. Si ces derniers négligent de nommer un expert dans le délai fixé, ou si les experts nommés ne peuvent tomber d'accord, il sera nommé par le Kreisdirector un troisième expert qui fera cette assignation. Les frais de la procédure seront à la charge des locataires de chasse.

10. Lors de la première location des districts de chasse, la fin du bail devra être fixée au jour de la fermeture de la chasse de l'année 1889.

S'il existe des baux expirant avant ce terme, la commune aura à procéder à une nouvelle location, avec la stipulation que cette dernière cessera au jour ci-dessus indiqué.

---

§ 10. Ce paragraphe a pour effet de faire rentrer toutes choses dans l'état normal le jour de la fermeture de la chasse en 1889.

Il en résulte que pendant cet intervalle une complication particulière se présente partout où dans une commune une partie des terres se trouvent louées par des baux antérieurs pour des périodes inégales. Les terres devront être relouées par la commune au fur et à mesure de l'expiration de ces baux; mais alors il devenait impossible d'appliquer à ces nouvelles locations le principe qui en fixe la durée à neuf ans, puisqu'il en résulterait que les différentes parties d'une banlieue continueraient à être louées séparément à tout jamais et pour des périodes inégales.

C'est pour parer à cet inconvénient que les renouvellements successifs devront être faits de manière à expirer tous le même jour, c'est-à-dire au terme le plus long de tous les baux anciens qui peuvent exister. Cela permettra de faire les nouvelles locations à partir de cette époque uniformément pour toutes les communes.

11. Die bestehenden jagdpolizeilichen Bestimmungen, sowie die Vorschriften über das Tödten und Vertilgen schädlicher Thiere werden durch dieses Gesetz nicht berührt.

Jedoch ist auf den von den Festungswerken umschlossenen Grundstücken, sowie in einem Umkreise bis weitestens 225 Meter von den Festungswerken, desgleichen von Forts, Pulvermagazinen und ähnlichen Anstalten die Anwendung von Feuergewehren bei Ausübung der Jagd oder bei Abwehr und Verscheuchung des Wildes bei Ver-

---

§ 11, Absatz 1. Die bestehenden jagdpolizeilichen Bestimmungen, welche durch dieses Gesetz nicht berührt werden, enthält das Gesetz vom 9. Mai 1844, besonders die Artikel 11, 12, 14, 15, 16 und 29. Die Lösung eines Jagdscheines bleibt nothwendig und kann nur dann unterbleiben, wenn es sich um das Tödten oder Vertilgen schädlicher oder böswilliger wilden Thiere Seitens des Eigenthümers oder des Pächters handelt; im Jahre 1877 sind 5924 und im Jahre 1879 5616 Jagdscheine ertheilt worden.

Die Grundlage für die Vorschriften über das Tödten von schädlichen oder wilden Thieren bildet der Art. 9 des erwähnten Gesetzes, der also lautet:

„..... Die Bezirkspäsidenten haben nach Anhörung der Bezirkstage Beschlüsse zu erlassen, um zu bestimmen: .... die Arten der wilden oder schädlichen Thiere, welche der Eigenthümer, Besitzer oder Pächter jederzeit auf seinen Grundstücken vertilgen kann und die Bedingungen für die Ausübung dieses Rechts, jedoch unbeschadet des dem Eigenthümer oder Pächters zustehenden Rechts, Rothwild (bêtes fauves), welches seinem Eigenthum Schaden zufügt, selbst mittels Feuerwaffen zurückzutreiben oder zu vertilgen.

Sie können ebenfalls Beschlüsse erlassen um: 1) Der Ausrottung der Vögel vorzubeugen, 2) die Verwendung von Windhunden zur Vertilgung wilder oder schädlichen Thiere zu gestatten; 3) die Jagd während der Zeit, in welcher Schnee liegt, zu verbieten.“

Der Beschluß des Bezirkspräsidenten, welcher die Jagd zur Schonzeit verbietet, bleibt bis zur Zurücknahme in Kraft und bedarf einer jährlichen Erneuerung bez. Bekanntmachung nicht. (Vrgl. die Beschlüsse des Präfekten des Departements du Bas-Rhin vom 19. November 1856 und vom 13. November 1858, den Beschluß des Präfekten des Departements du Haut-Rhin vom 17. Dezember 1855, neu bekannt gemacht durch Verfügung vom 5. Dezember 1879, sowie die Verordnung des Bezirkspräsidenten von Lothringen vom 10. Dezember 1874.)

Absatz 2. Die Vorschrift nach welcher die Verwendung von Feuerwaffen auf den in der Nähe von Festungswerken, Forts, Pulvermagazinen und ähnlichen Anlagen liegenden Grundstücken untersagt ist, entspricht den in andern deutschen Staaten bestehenden Bestimmungen. Eine nennenswerthe finanzielle Beeinträchtigung hat dieselbe nicht zur Folge, weil dem einzelnen Eigenthümer sein Antheil an dem Pachterlös nicht verkürzt wird und ein Ausfall am Gesammtsteigerungspreis auch nicht zu befürchten ist, da innerhalb der Wälle die Jagd von selbst eine sehr beschränkte ist und die pekuniär

11. Les dispositions actuelles sur la police de la chasse, de même que celles relatives à la destruction des animaux nuisibles, ne sont pas atteintes par la présente loi.

Néanmoins l'usage des armes à feu sera interdit, tant pour l'exercice du droit de chasse que pour la poursuite du gibier, sur les terrains enclavés dans les fortifications, ainsi que sur ceux situés dans un circuit de 225 mètres au plus des fortifications ou des forts, poudrières et autres établissements

---

§ 11, alinéa 1er. Les dispositions actuelles sur la police de la chasse qui continuent à rester en vigueur, sont celles édictées par la loi du 3 mai 1844, principalement dans ses articles 11, 12, 14, 15, 16 et 29. Le permis de chasse est toujours nécessaire, excepté quand il s'agit de la destruction d'animaux nuisibles ou malfaisants ou de bêtes fauves, de la part du propriétaire ou du fermier; le nombre des permis a été en 1877 de 5924, en 1879 de 5616.

C'est l'article 9 de la loi sus-mentionnée qui contient les dispositions relatives à la destruction des bêtes nuisibles ou fauves; elles sont ainsi conçues :

> « ..... Les préfets des départements, sur l'avis des Conseils généraux, prendront des arrêtés pour déterminer : ..... 3° les espèces d'animaux malfaisants ou nuisibles que le propriétaire possesseur ou fermier pourra en tout temps détruire sur ses terres et les conditions de l'exercice de ce droit, sans préjudice du droit appartenant au propriétaire ou au fermier de repousser ou détruire, même avec des armes à feu, les bêtes fauves qui porteraient dommage à ses propriétés. — Ils pourront prendre également des arrêtés : 1° pour prévenir la destruction des oiseaux; 2° pour autoriser l'emploi de chiens lévriers pour la destruction des animaux malfaisants ou nuisibles; 3° pour interdire la chasse pendant les temps de neige. »

L'arrêté du préfet qui interdit la chasse en temps de neige, a un caractère permanent et reste en vigueur tant qu'il n'est pas rapporté; il n'a pas besoin d'être pris ou publié tous les ans (cfr. les arrêtés du préfet du Bas-Rhin du 19 novembre 1856 et 13 novembre 1858, l'arrêté du préfet du Haut-Rhin du 17 décembre 1855, publié à nouveau suivant arrêté du 5 décembre 1879, et l'arrêté du Bezirkspräsident de la Lorraine du 10 décembre 1874).

Alinéa 2. Cette défense de l'usage des armes à feu sur les terrains avoisinant les fortifications, les forts, les poudrières et les établissements de même nature, se retrouve dans toutes les législations des pays allemands. Le dommage qui en résulte n'est pas bien sensible, puisque les propriétaires de ces terrains reçoivent néanmoins leur part proportionnelle dans le produit de la location, selon les prescriptions du § 4 de la loi et que le produit en lui-même ne se momeidung einer Geldstrafe von 20 bis 150 M. oder Haft bis zu 4 Wochen untersagt.

Die Abgrenzung und Versteinung der Sicherheitsrayons erfolgt auf Anordnung des Statthalters nach Maßgabe der §§ 3 und 8 des Reichsgesetzes vom 21. Dezember 1871 (R.-G.-Bl. 1871 S. 459; G.-Bl. f. E.-L. 1872 S. 133).

12. Die nöthigen Anordnungen zur Ausführung dieses Gesetzes werden durch das Ministerium erlassen.

---

ergiebigste Art des Betriebs, die Treibjagd, dadurch nicht beeinträchtigt wird; das Verbot bezieht sich nur auf Anwendung von Feuergewehren in dem angegebenen Bereich.

Die auf die Uebertretung gesetzte Strafe gehört zur Zuständigkeit des Schöffengerichts.

Absatz 3. Die Vorsichtsmaßregel, die darin besteht, die Jagdrayons durch Grenzsteine zu bezeichnen, ist von großem Interesse für die Jäger.

de même nature, sous peine d'une amende de 20 à 150 marcs, ou bien des arrêts jusqu'à quatre semaines.

La délimitation et l'abornement des rayons de sûreté auront lieu sur les dispositions à prendre par le Statthalter, en se conformant aux §§ 3 et 8 de la loi de l'Empire du 21 décembre 1871. (*Bulletin des lois pour l'Empire*, 1871, p. 459. *Bulletin des lois pour l'Alsace-Lorraine*, 1872, p. 133.)

12. Les dispositions nécessaires pour l'exécution de la présente loi seront prises par le ministère.

---

difie pas par suite de cette restriction, l'exercice de la chasse sur les remparts étant déjà très restreint et les battues, qui constituent le mode d'exploitation le plus rémunératoire, n'étant pas atteints par les restrictions de la loi, qui ne visent que l'usage des armes à feu sur les terrains militaires.

La peine édictée par ce paragraphe rentre dans la compétence des tribunaux d'échevins.

Les pierres-bornes qui indiquent la limite de la chasse constituent une précaution très utile aux chasseurs.

Straßburg, Druck von G. Fischbach. — 2036.

FSC
www.fsc.org
MIX
Papier | Fördert gute Waldnutzung
FSC® C083411

Kolibri 360 GmbH
Ferdinand-Jühlke-Straße 7
99095 Erfurt, Deutschland
produktsicherheit@kolibri360.de